強い体の捻転のために
テークバックでは
絶対に
クラブヘッ
見てはいけ

バンカーショットが
苦手な方には
「しゃがんで、
おヘソ」を
おすすめします!!

内藤雄士

NAITO YUJI

1分で上手くなるゴルフのキーワード

GOLF スピード上達シリーズ

KKベストセラーズ

はじめに

こんにちは、プロコーチの内藤雄士《ないとうゆうじ》です。

私は主としてツアープロのコーチやテレビ解説の活動をしていますが、その一方でアマチュアゴルファーのレッスンをすることもあります。

アマチュアゴルファーの方々と接していて感じるのは、スイングを複雑に考えすぎて頭でっかちになっている人が多いことです。

私から見れば、スイングをもっとシンプルに考えたほうが結果はもっとうまくいくのではないかと思えるほどです。

その一方でスイングはとてもいいのに、コースに出ると傾斜地やラフからのショットを安易に打ってしまい、簡単にミスをしてしまう人もよく見かけます。

当の本人は「スイングが悪かったのかな？」と勘ぐりますが、スイングのミスではなくて、状況判断にほんの少し気を配るだけで大きなミスショットにはならなかったというケースがとても多いのです。

練習場ではスイングのことを考えるのはいいとしても、コースに出たらマネジメントを考えるためにも、「コースと向き合う」ということがとても重要です。

本書ではドライバーからパット、コースマネジメントに至るまで大切なポイントを「短いキーワード」として取り上げています。

スイングをイチから学び直すということではなくて、練習場で覚えたスイングをどう生かせばいいか、状況に応じたショットをどう打てばいいか、などのヒントを短いキーワードで頭に残せるように構成しております。

スイングをもう少しシンプルに考えるだけで、ショットの確率が向上しますし、コースではひとつのヒントに気をつけるだけでミスショットがナイスショットに変わります。

短い言葉で覚え、少ないチェックポイント。「短いキーワード」はゴルフをシンプルにし、スコアアップにも直結します。

スイングを難解にとらえすぎて失敗を繰り返している人にとっても、コースプレーで状況判断がうまくできていないためにミスしてしまう人にとっても、本書は必ず役に立つはずです。

「この前はフェアウエイウッドが全然当たらなかったな」とか、「バンカー越えのアプローチがダフってバンカーに入れてしまった」など、何か心に引っかかることがあっても大丈夫。短いキーワードで簡単に対処できます。

ロッカールームで着替えをした後に、さっと目を通して、「今日はこんなゴルフをしたいから、このキーワードを頭に入れておこう」など心の準備をしておくのもいいでしょう。

さっと目を通した1分で、上手くなれるのです。

本書があなたに感動と感激を与えることを願ってやみません。

内藤雄士

1分で上手くなるゴルフのキーワード

CONTENTS

第2章 フェアウェイウッド&ユーティリティー編 GOLF KEYWORD 8〜12

第3章 アイアンショット編

GOLF KEYWORD 13～21

第4章 アプローチ編 GOLF KEYWORD 22〜27

第5章 パット編

GOLF KEYWORD 28〜32

第6章 コースマネジメント編 GOLF KEYWORD 33〜40

第1章
ドライバーショット編

GOLF KEYWORD 1~7

飛ばしたい時は「右重心」でスイング

ドライバーショット
GOLF KEYWORD 1

コンペなどでドラコン賞がかかったホールや、フェアウエイが広いホールでは気持ちよく飛ばしたいですよね。

そんな時は「飛ばし仕様」のスイングがピッタリです。

ポイントを整理すると、次のようになります。

・ティアップを高くし、ボールの位置は左ツマ先の前
・6対4くらいの割合で右重心に構える
・インパクトで「ヘッド・ビハインド・ザ・ボール」の形となる
・右重心のため、アッパーブローでボールをとらえる

切り返しにおいては、実際には左足を踏み込んでいきますが、**イメージとしてはずっと右重心のままにしておく**のです。

アドレス時のやや右傾きの軸の位置と、ダウンスイング中のハンドファーストの形をキープしつつ、アッパーブローに打つのが決め手となります。

重心の位置がクラブヘッドの入射角に直結します。右重心ならアッパーブローに、左重心ではダウンブローになるということを頭に入れておきましょう。

飛距離が欲しいときはボールを左寄りにおき、右体重で構える。

右足を踏みしめて、ヘッド・ビハインド・ザ・ボールの形となる。結果的にアッパーブローにとらえられる。

曲げたくなければ「I字型フィニッシュ」

ドライバーショット
GOLF KEYWORD 2

ドライバーの飛ばし仕様のスイングはありますが、こうしたスイングは方向性の面ではやや不利となります。

フェアウエイが狭いとか、右サイドや左サイドにOB、池などが待ち受けていて、飛距離よりもむしろ方向性を優先したいケースのほうが多いものです。

この場合のポイントは下記のようになります。

・ボールを左カカト内側の延長線上にセットし、ティアップは低め
・体重を左右均等に乗せて、正面から見たときに体の軸がほぼ真っ直ぐ
・軸を真っ直ぐにキープしたままで体を回転し、レベルスイングで打つ
・左足だけでも立てるような「I字型」のフィニッシュをつくる

ドライバーを手にしてもアイアンショットに近い感覚ですから、重心がほぼ体の中心となり、スイングの軸がほとんど傾かないのです。

飛ばしたければフィニッシュはあまり考えなくていいのですが、方向性を重視したいときはきれいなフィニッシュを決める意識を持つことです。ドライバーショットはコースの特徴やホールのロケーションに合わせて、2つのスイングを使い分けましょう。

体重を左右均等に乗せて、体の軸を真っ直ぐにセットする

アドレス時の体の軸をキープし、体重がほとんど左足に乗るI字型フィニッシュをつくろう。

インパクト時の重心位置でクラブヘッドの入射角が決まる方向性重視のときや、曲げたくない場面では右肩の高さを変えないでレベルに打つといい。

ボールが上がらない時は「ボールを2個分左」に置く

ドライバーショット
GOLF KEYWORD 3

「インパクトの感触がよくないな」とか、「ボールがしっかり上がらないな」などと感じたら、ボールの位置を確認しましょう。

ゴルフの経験が豊富な中上級者にも見られるのが、ボールを内側に置きすぎているパターンです。

「曲げたくない」「ちゃんと当てたい」といった心理から、知らず知らずのうちにボールを右に置きすぎていて、左足体重で、ハンドファーストの構えになりやすいのです。

こうした人たちのスイングを計測してみるとクラブの入射角が5度近くもダウンブローになっています。ということはボールの位置が、7番アイアンのショットに近いことを意味します。

ロフト角が10～12度のドライバーで、7番アイアンに近い入射角でインパクトを迎えてはボールが十分な高さまで上がらず、キャリーがまったく伸びません。

「球が低いな」と思ったら、ボールを2個分だけ左に置きましょう。ヘッドスピードは変わらなくてもクラブの入射角が変わり、ボールの打ち出し角が自然に高くなって、キャリーの伸びを実感できるはずです。

「自分のボールの位置は正しい」と思い込んでいても、7番アイアンのようにボールを真ん中近くに置く人がいる。

「ボールが上がらない」と悩む人は、ボールを２個分左に置き、右重心で構えよう。ラウンド中のスイング修正法としても役立つ。

右ワキを締めて「押す形」をつくれば、距離と方向を一挙両得！

ドライバーショット
GOLF KEYWORD 4

多くのゴルファーは肩甲骨に柔軟性があるほうがスイングはよくなると考えがちです。それも確かですが、肩甲骨を稼働させすぎると逆効果になる場合があります。

一例をあげると、ダウンスイングで右の肩甲骨が動きすぎて右ワキがあいてしまうケースです。そうなると右ヒジが外を向いて、右肩が前に出る形となり、クラブがアウトサイドから下りてしまいます。

結局のところ、右肩や右腕がぐらぐらするためにスイングの軌道がぶれて、インパクトでフェースがスクエアに戻りにくくなるのです。

ダウンスイングからインパクトにかけては、右ヒジを下に向けて右ワキを締めた状態をキープすることが大切です。右肩甲骨周りをしっかり固めて、右手でボールを真っすぐ押すような形が理想です。

ドライバーだけに限らず、正確で力強いインパクトをつくるには右ワキを締めて、右肩甲骨、右ヒジが一体となって真っすぐ押すようなフォームをつくりましょう。

スクエアフェースでボールをとらえやすく、パワー効率が上がって距離が伸びますし、左右の曲がりを軽減できます。距離と方向の両方が一気にレベルアップするのです。

多くの人は右ヒジが外を向き、右ワキがあいて右手首がキャストしてしまうインパクトになっている。

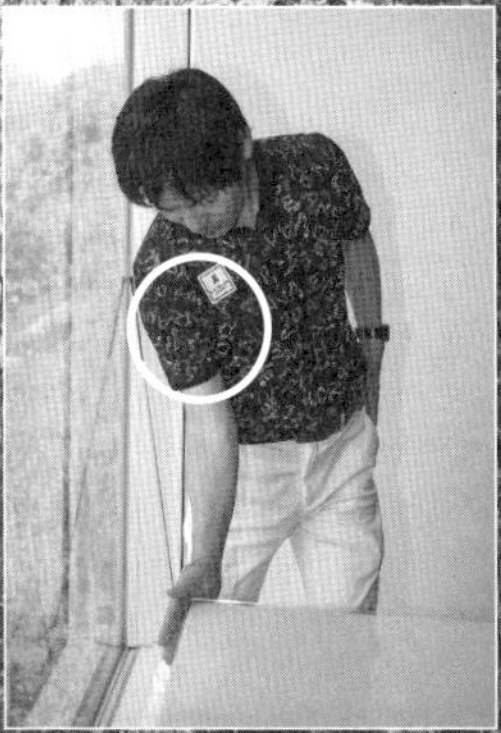

机の端を押すように右ヒジを
体に引き寄せて右ワキを締め、
右の肩甲骨周りをガチッと固
めてインパクトしよう。

打ち下ろしは「ヒッカケ」、打ち上げは「プッシュ」に用心する

ドライバーショット
GOLF KEYWORD 5

日本のゴルフ場の多くは丘陵の地域に造られていて、ティショットが打ち下ろしのホールを多く見かけます。

ティグラウンドとフェアウエイの高低差が大きいほど、かなりの確率で左に引っかけてOBの結果になりやすい点に注意しましょう。

打ち下ろしのホールの場合、目線が低いフェアウエイに注がれるため、上体が左に傾いて体重が左足に多く乗りやすい上に、右肩がかぶった構えになりやすいのです。

その体勢でクラブを振った結果、アウトサイドインの軌道となり、ダウンブローに下りすぎてフェースがかぶって当たり、ヒッカケが生じやすくなります。

打ち上げのホールでは、逆に目線を高くとると体重が右足に乗りすぎた構えとなりやすい点に注意しましょう。インサイドアウトの軌道でアッパーブローにとらえやすく、フェースが開いて右に押し出してしまうミスが生じやすいのです。

大切なのは平らなホールと同じアドレスの姿勢をつくり、自分の球筋の最高到達点をしっかりイメージして構えることです。そうすればフェアウエイがティグラウンドよりも低かろうと高かろうと、いつもと同じスイングを実行できます。

打ち上げのホールはすくい上げようとして、右にプッシュしてしまうミスを警戒しよう。

打ち下ろしのホールではインパクトで左重心になりすぎて、ヒッカケとなるミスが生じやすい。

打ち下ろしも打ち上げも、自分のボールの最高到達点をイメージすることだ。

左サイドがOBや池のケースは「背中」で視界から消す

ドライバーショット
GOLF KEYWORD 6

ドライバーショットのフェアウエイキープ率を上げるには、どこにティアップするかが大きなカギを握っています。ところが多くのゴルファーは、自分の好きな場所にティアップできるという条件を与えられていながら、あまりにも無造作にティアップしています。

たとえばフェアウエイの左側が崖でOBのホールでは、どこにティアップするでしょうか？　フェードをきちんと打てる人は別にして、フェアウエイの左サイドが全部池のホールといった場面などもティグラウンドの右端寄りや真ん中近くで構えるのは危険です。

正解はフェアウエイの左サイドが視界に入りにくい、ティグラウンドの左端寄りで立ち、フェアウエイの右サイドを向いて構えることです。

プロたちが口にする**「背中でOBや池を視界から消す」**作戦です。フェアウエイの対角線なりに打っていくのですが、これなら構えたときにOBや池などが視界に入りにくく、余計なプレッシャーを感じなくてすみ、ティショットの成功率がかなり上がります。

逆に右サイドが危険なホールでも、「対角線」がキーワードです。左サイドが危険なホールと逆に右寄りで構え、左サイドを狙えばいいのです。

フェアウエイ左サイドがＯＢや池のときは、ティグラウンドの右端寄りに構えるのは危険。

ティグラウンドの左端に立ち、右を向いて構えるのがベスト。ＯＢや池が視界に入らず、自分のイメージした球筋で攻めやすい。

背中で隠す
OB

テークバックで絶対に「クラブヘッドを見ない」

ドライバーショット
GOLF KEYWORD 7

私があるアマチュアレッスン会に参加した時の話ですが、7～8割近くの人がバックスイングでクラブヘッドを見ていました。プロは誰も見ようとはしないのに、これだけ多くのゴルファーがクラブヘッドの動きを目で追っていたのには驚きでした。

目で追っているのは自覚していらっしゃるようで、その理由を尋ねると、「自分の軌道が気になるから」とか「真っすぐ上げたいから」といった答えでした。

でも、テークバックで目がクラブヘッドの動きを追うのはいけません。

ゴルフスイングは、体の各部位の「引っ張り合い」で成り立っています。上半身と下半身の捻転もそうですが、**バックスイングにおいては顔を残しておいて、肩を深く回すことで首筋の引っ張り合いが生まれるのです。**

テークバックで顔が肩と一緒に右に回ると、強い捻転がつくれませんし、スウェーを引き起こしたり、上体が伸び上がったりしやすいのです。決して「ボールをよく見なさい」ということではなくて、首の捻転をしっかりつくることが重要です。

ポイントはアドレスした時の顔の向きを変えずにバックスイングすること。鏡の前でアドレスの姿勢をつくり、自分の両目を見たままでバックスイングの練習をしましょう。

多くのアマチュアはテークバックの始動から目がクラブヘッドを追っている。そのためスウェーやブレを招いてしまう。

スイングは軸回転。頚椎を軸にして、胸椎を回す。頚椎が胸椎の回転に引っ張られることでネジレが生まれる。

鏡で自分のスイングを見る

鏡の前でアドレスの姿勢をつくり、自分の両目を見たままでバックスイングしてみよう。

第2章

フェアウエイウッド＆ユーティリティー編

GOLF KEYWORD 8~12

「低いティアップでライナーを打つ」練習で〝成功体験〟を積み上げる

フェアウエイウッド&ユーティリティー
GOLF KEYWORD 8

ドライバーはボールをティアップして打ちますが、フェアウエイウッドは基本的には芝の上のボールを直接ヒットするのですから、スイングの感覚はまったく違います。

フェアウエイウッドが苦手という人はドライバーと同じようにアッパー軌道で、すくい打ちになっているのが原因ですから、まずハードルを下げたやさしい練習からスタートして自信をつけましょう。

ボールを低めにティアップし、ボールをつかまえやすくする環境をつくるのです。最初のうちはハーフトップしてもＯＫ。低いライナーでいいと思えば気楽に打てますし、グッドショットの回数が増えてきます。

「小さな成功体験」を沢山積んでいくことで、「もっといいショットを打ちたい」と意欲も沸いてきます。

子供たちの勉強だって、やさしい問題から始めると１００点が取れて自信がつき、難しい問題にも意欲的に取り組めるようになるのと一緒です。

最初からマットの上のボールを打つ難しい練習からスタートして、チョロやトップなどのミスを繰り返していては、いつまでも上達のキッカケがつかめません。

芝の上のボールを上げようと手で操作するからフェアウエイウッドをうまく打てない。

ティアップして打つ練習からスタート。成功体験を多く積んで自信がついたらマットの上のボールを打つ練習に移ろう。

うまく当たらない時はクラブを「うんと短く」持つ

フェアウエイウッド&ユーティリティー
GOLF KEYWORD 9

フェアウエイウッドはアイアンよりも軽くてシャフトが長いクラブです。アイアンに比べてボールから離れて立つため、スイングはアイアンよりフラット軌道となります。

また、ウッド形状なのに地面の上のボールを打たなくてはならないところにフェアウエイウッドの難しさがあります。

ところが**フェアウエイウッドをうんと短く持てば、ボールの近くに立って構えられるのでアイアンのようにスイングの軌道が縦振りに近づきます。**

同じフェアウエイウッドでも短く持つだけで、ダウンブローに打ちやすくなるのです。

これは振り遅れ防止にもつながります。

前述したティアップしたボールを打つ練習からスタートして自信をつけるのと同様で、**クラブを短く持つと成功体験を沢山積むことができます。**

グッドショットの回数が増えて自信がついたら、少しずつクラブを長く持って打つ練習へと移りましょう。

ラウンド中でもフェアウエイウッドの調子がよくなくて、うまく当たらないという時も短く持つだけでミスを軽減できます。

フェアウエイウッドはアイアンよりもシャフトが長いので、軌道がフラット。

クラブを短く持てば、アイアンに近い感覚でダウンブローに打ちやすい。

フェアウエイウッドは「必ずしも空中を飛ばなくてもいい」

フェアウエイウッド
&ユーティリティー
GOLF
KEYWORD
10

フェアウエイウッドはスコアをつくる上でとても重要なクラブです。パー5や長いパー4のセカンドショットなど、一般のアマチュアはプロたちよりもフェアウエイウッドを使う機会がはるかに多いでしょう。

ところが、「うまく飛ばしたい」と自分にプレッシャーをかけすぎると、ダフリやトップなどのミスを繰り返してしまうことになります。フェアウエイの様々なライから、フェアウエイウッドでグッドショットを打つことはやさしいことではありません。

フェアウエイウッドは必ずしも空中を長く飛ばさなくてはいけないというものではありません。トップアマの人たちでもライが悪い場所から打って、キャリーが100ヤードしか飛ばないことがあります。でもキャリーは短くてもランが出て、ボールが200ヤード先まで転がってくれるケースが多いのです。

ナイスショットをフェアウエイウッドに求めすぎないことです。バンカーや池を越えなくてはいけないといった状況でない限り、ボールを高く上げる必要なんてまったくありません。悪いライからはハーフトップでもOK。低い角度で飛んでいき、ランが多く出てトータルの飛距離が案外稼げればそれでよいのです。

フェアウエイウッドは高い弾道で距離をかせごうと球を上げようとするからミスにつながる。

トップ気味に当たって低く飛んでもOK。ランが多く
出て結果的に飛距離を稼ぎやすい。

「飛ばす」より「芯に当てる」を優先しよう

フェアウエイウッド&ユーティリティー
GOLF KEYWORD 11

ゴルファーの心理としては、「飛ばしたい」と「芯に当てたい」の2つの欲がつねにつきまといます。

でも、飛ばすことと芯に当てることは、実は相反しているのです。「遠くに飛ばしてやろう」と思えば大振りしてしまいやすく、フェースの芯に当たる確率が低下します。「フェースの芯に当てよう」と思うとスイングが自然にコンパクトになります。この両方を一緒にやろうとすると、どっちつかずの中途半端なスイングを招きやすいのです。

覚える順序としては、まず芯に当てることを目標にしましょう。フルショットの4分の3くらいの振り幅のスリークォーターショットの練習を積んで、芯に当てる回数を増やすのです。

芯さえ食えばインパクトのパワー効率が上がりますから、コンパクトなスイングでも距離が十分に出ることがよくわかります。

フェースの芯に当てる自信がついてから、スイングの振り幅を少しずつ大きくしていけば、自分なりのフェアウエイウッドの最長の距離が打てるようになります。

飛ばすことよりも、フェースの芯に当てることを心掛けよう。結果的に飛距離が自然に伸びてくる。

郵　便　は　が　き

お手数ですが
62円分切手を
お貼りください

1 7 0 - 8 4 5 7

東京都豊島区南大塚
2-29-7
KKベストセラーズ
書籍編集部行

おところ　〒

Eメール　@　TEL　(　)

(フリガナ)
おなまえ

年齢　歳
性別　男・女

ご職業
会社員
公務員
教　職（小、中、高、大、その他）
無　職（主婦、家事、その他）
学生（小、中、高、大、その他）
自営
パート・アルバイト
その他（　）

愛読者カード

このハガキにご記入頂きました個人情報は、今後の新刊企画・読者サービスの参考、ならびに弊社からの各種ご案内に利用させて頂きます。

●本書の書名

●お買い求めの動機をお聞かせください。
1. 著者が好きだから　2. タイトルに惹かれて　3. 内容がおもしろそうだから
4. 装丁がよかったから　5. 友人、知人にすすめられて　6. 小社HP
7. 新聞広告（朝、読、毎、日経、産経、他）　8. WEBで（サイト名　　　　）
9. 書評やTVで見て（　　　　）　10. その他（　　　　）

●本書について率直なご意見、ご感想をお聞かせください。

●定期的にご覧になっているTV番組・雑誌もしくはWEBサイトをお聞かせください。
（　　　　）

●月何冊くらい本を読みますか。
（　　　　冊）

●本書をお求めになった書店名をお聞かせください。
（　　　　）

●最近読んでおもしろかった本は何ですか。
（　　　　）

●お好きな作家をお聞かせください。
（　　　　）

●今後お読みになりたい著者、テーマなどをお聞かせください。

ご記入ありがとうございました。著者イベント等、小社刊行書籍の情報を書籍編集部 HP（www.kkbooks.jp）にのせております。ぜひご覧ください。

フィニッシュも低く
おさえると芯に当た
りやすくなる
フェアウエイウッドは
「芯に当てる」こと
を優先

フェアウエイウッドもユーティリティも最高のショットを求めすぎないようにしよう。

ライは微妙。
でも距離が欲しい……
それなら迷わず
「ユーティリティー」

フェアウエイウッド&ユーティリティー
GOLF KEYWORD 12

　ユーティリティークラブはフェアウエイウッドよりも短くて、アップライトに振りやすく、ダウンブローにヒットしやすいクラブです。ロフト角もフェアウエイウッドよりも多くボールが上がりやすい、しかもアイアンよりもソールが幅広で振り抜きがスムーズです。**フェアウエイウッドとアイアンの特性を兼ねた、使い勝手のいいクラブですし、スコアメイクの上でも「お助けマン」的なクラブでもあるのです。芝が薄い場所など、ボールのライがあまりよくないところでも十分に使えます。**

　ボールがラフにちょっと沈んでいて、グリーンの手前側に崖や池などの障害物があり、キャリーが100～120ヤードでもいいからとにかく越えたい。あのバンカーを越えたいからゴロではダメ。このライはちょっと難しいけど、キャリーを出すことをとにかく優先させたい。こうしたケースではフェアウエイウッドを持たないで、ユーティリティーを使いましょう。

　グリーンが打ち上げで、高さを出したい。冬の固い地面から打つときに、ダフらせたくない。こんな場面でも活躍してくれます。ユーティリティーをフルに活用すればコース攻略の幅が広がりますし、スコアアップにも大きく前進できます

まだ距離があるからフェアウエイウッドで打ちたいけど、ちょっと不安を感じたら迷わずユーティリティークラブを持つ。

ボールが沈んでいたり、芝が薄かったりでライが微妙、しかも池やバンカーを越えるためにキャリーを出したい場面などで活躍する。

自分のゴルフのレベルを上げたければユーティリティーをフル活用しよう。

第3章
アイアンショット編

GOLF KEYWORD 13~21

勇気をもって「ロングサイド」を狙うべし

アイアンショット
GOLF KEYWORD 13

アイアンショットでグリーンに向かって打つ時、ほとんどのゴルファーはピンを真っ直ぐ狙おうとします。ピンの位置がグリーンのほぼ真ん中ならいいとしても、ピンが左側や右側に立っていたら、ピンに対して広くなっているエリアである「ロングサイド」を狙いましょう。

たとえばピンがグリーンの左端の近くに立っていて、ピンに向かって打った場合、グリーンの左側に外すとパーセーブが難しくなることが割合多いものです。グリーンの左にアゴの深いバンカーがあったり、バンカーがなくても上げて止める難しいアプローチが残ったりすれば、ボギー、下手するとダボやトリプルを叩いてしまいかねません。

これが「ショートサイド」、つまりピンに対して狭いエリアのことで、それとは反対側の「ロングサイド」に打っておけばスコアがまとまりやすくなります。**ロングサイドを狙うのは、ピンがない場所に向かって打つことですから、勇気もいります。**

ピンを狙いたくなっても、あえてピンを狙わないことで、仮にミスしたとしてもケガが少なくて済みます。

プロたちだってピンから遠くなっても安全なエリアを狙っていることを知ってください。

ピンがグリーンの端の近くに立っている場合、ピンを真っ直ぐ狙いにいくのは危険。勇気があるようで、実は無謀策にすぎない。

ピンと逆側のロングサイド、グリーンが広くなっているエリアを狙うのが本当の勇気だ。グリーンを外しても次のアプローチが比較的やさしく打てる。

ラフからのショットは難しいか？ やさしいか？の見極めが肝心！

アイアンショット
GOLF KEYWORD 14

　アイアンショットのミスを減らすには、打つ前にボールのライをよく観察することが大切です。とくにラフから打つときは、ライの見極めがショットの成否の分かれ目となります。

　プロやシングルゴルファーたちがスコアをうまくまとめるのは、ライに対してできるショットに最善を尽くしていて、無理と判断したショットは絶対にやらないからです。

　ラフから打つ場合、ボールの沈み具合と芝目で難易度がまるで違ってきます。ボールが浮いていて順目なら割と簡単に打てますし、ラフに沈んでいても順目ならインパクトの抵抗が少なくて、振り抜きやすいといえます。

　しかし、沈んでいて逆目なら難しく、大ピンチです。距離を欲張らず、ウェッジでフェアウエイにいったん戻しましょう。

　その状況に対してどう打つかよりも、やさしい順番を覚えておき、難しい場合は決して無理しないことです。難しいかやさしいかの判断だけでも、大叩きを回避できます。

　ラフに限りませんが、結果がミスショットなら、スイングのミスを疑うよりも、まずライの見極めや状況判断に間違いがなかったかどうかを見直しましょう。

ボールのライを
しっかりチェックする
習慣をつけましょう
ボールのライに無頓着ではいけない。やさしく打てる状況なのか、難しい状況なのかを見極めることが大事。

ボールが沈んでいる、逆目のラフは難しい。この場合は無理しないこと。

ボールが浮いている、順目のラフはやさしい。

リカバリーでは「グリーンに乗せる自信」のある距離に運ぼう

アイアンショット
GOLF KEYWORD 15

林からの脱出や難しいラフ、急な傾斜地などグリーンのほうに打つのが困難な時は、フェアウエイに戻すことを最優先に考えます。そこに打ってしまったミスを挽回しようとして強引にグリーンやピンを狙おうとしたり、長いクラブを持って少しでもグリーンに近づけようとしたりすると、ミスを繰り返すことになり、大叩きは免れません。

ラフからならグリーンにできるだけ近づけようと振り回してしまいがちですが、思い切り打ったところで結果の予測が難しいし、残りの距離がどのくらい残るかも見当つきません。下手すると反対側のラフやバンカー、難しい傾斜地などにつかまるケースもあります。

こうした場面では、ただ平らなフェアウエイに打つだけでなく、次のショットでグリーンを狙える場所、距離でいえばグリーンまで残り100ヤード以内まで運んでおく作戦を立てましょう。

グリーンに乗せる自信のある場所に打っておけば、リカバリーを打った後のショットで勝負をかけることができます。

トラブルからの脱出に大成功を求めるより、次のショットにうまくつなげるのが上手なリカバリーであることを頭に入れておきましょう。

強引にグリーン方向に打つと、さらにトラブルに見舞われてしまい、大叩きを免れない。

林やラフなどからのリカバリーでは、フェアウエイに出すだけと安易に考えずに、自分の得意な距離を残そうとするゆとりも大切。

風向きや風の強弱でコースの攻め方はまったく変わる

アイアンショット
GOLF KEYWORD 16

プロたちは風速が1〜2メートルの風でもとても気にします。風を計算しないで打つと、それだけピンから外れてしまうからです。アマチュアゴルファーはプロたちほど風に対して神経質にならなくても結構ですが、**風向きや強弱に無頓着すぎるのはよくありません。**

ピンの位置と風向きによって、攻めやすいとケースと攻めにくいケースに分かれます。攻めやすいのはピンの位置がグリーンの奥側でフォローの風のときです。ピンの手前の広いスペースが使えますから、クラブの番手を下げてグリーンの前半分に乗せれば、落ちてからのランによってピンに寄りやすくなります。

ピンが手前でアゲンストの風のときは、クラブの番手を上げてピンの少し先に落とす作戦をたてましょう。

ところが、ピンが奥で風向きがアゲンストの場合と、ピンが手前で風向きがフォローの場合はとても攻めにくくなります。

前者はクラブの番手を上げて、後者や番手を下げるのが基本な考え方ですが、距離感のコントロールが難しいので、無理にピンを狙わずに、グリーンに乗せることに専念しましょう。ピンの位置や風向きをよく確認してから打つ習慣をつけることが大切です。

風向きやピンの位置で攻め方がまったく変わってくる。風に無頓着ではスコアは縮まらない。

風の向きや強弱を様々な方向でチェックする

ピンが奥で風向きがアゲンストの場合は、距離感のコントロールが難しい。ピンを狙うより、グリーンに乗せることを第一に考えよう。

セカンドショットはティショットと同じ風向きと限らない

アイアンショット
GOLF KEYWORD 17

プレー中は肌で感じる風の向きや、高い木の枝のなびき具合、上空の雲の流れなどを見て、つねに風に気を配りましょう。

ティグラウンドは木に囲まれていることが多く、肌で風をあまり感じないことがよくあります。そんな時はボールの落とし場所の近くの木の枝の揺れを見て判断します。

一般のアマチュアゴルファーが、風向きをもっとも間違えやすいのはドッグレッグのホールです。たとえば第2打地点から90度近くも左にドッグレッグの場合、ティショットを打つときはフォローの風だとしても、第2打はほぼ左からの風となります。

ティショットがフォローだったから、セカンドもフォローだと早合点するとボールが予想以上に風に右に流されて、難しいバンカーに入ったといった結果となりやすいのです。

ドッグレッグだけに限らず、**ティショットとセカンドショットの風の読みを間違えないこと**です。

風向きの判断がしにくくて、わからなくなった時は基本の風向きである「雲の流れ」を一番重視しましょう。スコアカードにコースレイアウト図があれば、そこに基本の風向きを書き込んでおくとホールごとや各ショットの風向きが判断しやすくなります。

スコアカードにコースレイアウト図があれば、その日の風向きを書き込んでおこう。各ショットの風向きが判断しやすくなる。

ドッグレッグホールに限らず、ティショットとセカンドショットの風向きが同じとは限らないことを頭に入れておくことだ。

避難経路
クラブハウス

左足上がりは「飛ばない」、左足下がりは「飛ぶ」

アイアンショット
GOLF KEYWORD 18

ツマ先上がりやツマ先下がりは傾斜地という感覚が割合強くて、ミスを極力防ごうとしてアドレスもスイングも慎重になる人が多いのですが、左足上がりと左足下がりでは案外無造作に打っていませんか？　特に丘陵コースでよく見かける「だらだらとした傾斜」は要注意です。パッと見た感じでは平地と大して変わらないけど、構えてみたら少し傾斜を感じたときは油断してはいけません。

ボールの場所は緩やかな傾斜でも、周囲をよく見ればボールの場所とグリーンではかなりの高低差があることに気づくはずです。**左足上がりでグリーンが打ち上げの場合はアドレスが右重心になり、ロフト角が平地よりも増えます。**そのため、ボールが高く上がりやすく、ボールが地面に早く着地してランが出ないので、グリーンの手前にショートしやすくなります。グリーンに確実に届かせたいなら、1～2番手大きめのクラブを持ちましょう。

左足下がりの傾斜地ではアドレスが左重心のハンドファーストの姿勢となり、通常よりもロフトが立ちます。ボールが低く出るので地面に落ちてからのランが多く出やすく、平地よりもトータルの飛距離が伸びる傾向があるのでクラブの番手を下げるのが基本です。

左足上がりは右足体重に構えるのでロフト角が増えてボールが高く上がりやすく、手前にショートしやすい。

左足下がりは左足体重でハンドファーストに構えるため、ロフトが一番手くらい立つ。出球が低くなり、キャリーが多めに出る。

左足下がり

フェアウエイバンカーでは「飛ばす」よりも「出す」を優先

アイアンショット
GOLF KEYWORD 19

ボールの場所がどこであれ、大半の人は最初にグリーンやピンまでの残りの距離を確認しようとします。ボールを取り巻く状況をあまり見ないで、残りの距離だけで使うクラブを決めようとするのです。

フェアウエイバンカーからのショットがまさにその典型です。

フェアウエイバンカーの前方のアゴが高いのに、まだ200ヤード近く残っているからといってユーティリティークラブで打ってしまう人がよくいます。

ボールは砂地の上ですから、ライがいいとはいえませんが、ボールが上がりやすいユーティリティークラブなら打てるだろうという安心感からか、上級者であってもそんなミスをおかす人がいます。

フェアウエイバンカーの場合、大ダフリは禁物ですから、ちょっと薄めに当ててトップ気味に打ちたいところです。そうすると打ち出し角がやや低くなります。そのため、目の前のアゴを絶対にクリアできるロフト角を持ったクラブを選択することが大切です。

残りが150ヤード以上あり、距離を稼いでおきたい場面で、**少しでも不安になったらピッチングなどのウェッジで打って、出すことを優先しないといけません。**

アゴの高さを余裕をもってクリアできるロフト角のクラブを持とう。

フェアウエイバンカーは「出す」ことを優先し、次のショットにつなげることを考えよう。

「9番アイアン」のキャリーを知っておく

アイアンショット

GOLF KEYWORD 20

アイアンが上手くなるための絶対条件のひとつに、自分がスムーズなスイングをしたらこの距離が出るという基準を作っておくという点があげられます。

そこで、9番アイアンを基準にして、アイアンの番手ごとのキャリーを練習で把握しておきましょう。

その理由は、最近の傾向として、今はキャディバッグに5番アイアンを入れている人がかなり少なくなり、6番から9番までとピッチングウェッジ、アプローチウェッジ、サンドウェッジの3本のウェッジの計7本のアイアンを入れているという人がほとんどです。ということは7本のクラブのちょうど真ん中が9番アイアンだからです。

クラブの各番手の距離を知るには、真ん中のクラブである9番アイアンの距離をまず知ることが大事であり、近道でもあるのです。

練習量が少ないアマチュアゴルファーでも、自分の9番アイアンのキャリーが110ヤードくらいと知っておけば、6〜8番アイアンやそれぞれのウェッジのキャリーも大体の予測がつくでしょう。

9番アイアンのキャリーを知れば6～8番アイアン、ウエッジのキャリーも予想できる

9番アイアンのキャリーが基準

日頃の練習で、スムーズにスイングした結果、9番アイアンのキャリーがどのくらい出るかの自分の基準を把握しておこう。

９番アイアンは６番～９番と３本のウエッジの計７本のアイアンのちょうど中間のクラブ。だからこそ自分の距離を正確に知っておかなくてはならない。

「ショートアイアン」の練習で自信をつける

アイアンショット
GOLF KEYWORD 21

フェアウエイウッドを持つと力みやすい人は、ドライバーで打つときにフェアウエイウッド以上飛ばないといけないと思うため、もっと力んでしまうことになります。でも、9番などのショートアイアンを持って、飛ばしてやろうと力む人はほとんどいないはずです。

自分のゴルフのレベルを上げるには、ショートアイアンの練習を多く積むのが一番いい方法なのです。ショートアイアンはドライバーなどの長いクラブよりも重くて、ロフト角が多くボールが高く上がりすいのが特徴です。しかし、上がりやすい反面フェースの芯に当てないと弱々しい球となり、思ったほどキャリーが出ません。

きちんとした体重移動を実行し、クラブを正しいスイングプレーンに乗せて、ハンドファーストインパクトでとらえないと、ロフト角どおりの球が打てないのです。

でもショートアイアンの練習では、ドライバーと違ってそんなに大きなミスは出ませんから、ストレスはあまり感じません。**ショートアイアンでフェースの芯に当てる練習をたくさん積んで自信をつければ、スイングが自然によくなります。**

クラブの重さを感じやすく、リズムよく振る感じも体感できます。ドライバーやフェアウエイウッドなどで打つときも、ショートアイアンと同じリズムを心がければいいのです。

ショートアイアンを多く練習すると、力みがなくなり、スイングが自然によくなる。

ショートアイアンの練習が
スイングの自信をつける

ドライバーやフェアウエイウッドでも、ショートアイアンと同じ力感でスイングすればミートしやすい。

ショートアイアンの
力感で打てるように
練習しましょう

第4章
アプローチ編

GOLF KEYWORD 22~27

「上げるか、転がすか」をしっかり決断

アプローチ

GOLF KEYWORD 22

グリーン周りのアプローチショットは、技術的にいえば「上げる」か「転がす」かの、どちらかに絞るといいでしょう。

ところが多くのアマチュアは、どっちつかずの中途半端な構えになっています。私から見て、一体何をしたいのかがまったく伝わってこないのです。

ボールを上げるならエクスプロージョン、つまりボールの少し手前からクラブヘッドを滑らせるようにヒットします。そのためには真正面からはシャフトの角度が真っすぐになり、両腕とクラブがY字の構えとなります。

転がす場合はボールを右寄りに置き、左腕とシャフトがほぼ真っすぐとなるようにハンドファーストに構えて、ボールをクリーンヒットします。

上げるアプローチと転がすアプローチは構え方も打ち方もまったく逆なのです。ショットごとの場面で「ここは上げたほうがいい」「この場面は転がしたほうがいい」と自分で決断したら、目的に即したアドレスとスイングを実行しましょう。

何のイメージもないまま打ってトップやダフリが生じたり、ピンに寄らなかったりしても、なぜミスしたかがわかりませんし、無駄な経験を積み重ねてしまうことになります。

上げるか、転がすかをしっかり決める

グリーン周りの状況を見て、まず「上げる」のか「転がす」のかを明確に決めてから打つ。イメージしておけば、ミスしても経験値となって次に生かせる。

転がす

転がす打ち方はボールを右寄りに置き、ハンドファーストに構える。

上げる

上げる打ち方は真正面からはシャフトが真っすぐ見えるようにハンドレート気味に構える。

転がすアプローチは「パター」から考える

アプローチ

GOLF KEYWORD 23

グリーン周りからのアプローチで最初に考えることは、転がせる状況かどうかです。**転がせると判断したら、一番やさしいパターが使えるかをまず判断しましょう。**

ボールがカラーの上なら迷わずパターを使います。でも、グリーンエッジから30センチしか離れていなくても、夏場のコースは花道の芝であっても結構長く伸びていますから、パターで転がすと芝に食われて大ショートしてしまいがちです。冬場のコースなら芝が枯れていて地面が結構固いので、パターで転がせるエリアがかなり広がります。

ともかくボールの場所にきたら、どこまでならパターが使えるのかを見極めることです。パターが無理ならピッチングウェッジや9番アイアン、人によっては7〜8番アイアンを用いたランニングアプローチで寄せます。

アプローチは「クッション」から考えるのが原則で、グリーンのどの辺に落として転がすかのイメージづくりが重要です。

まずパターが使えるか、次にランニングアプローチで転がせるか、それでも難しいなら2クッションまたは3クッションで乗せられるか、という順で考えましょう。それでもダメならサンドウェッジでピンをダイレクトに狙いますが、これはあくまでも最終段階です。

カラーの上かグリーンエッジのすぐ近くならパターで転がすのが確実だ。

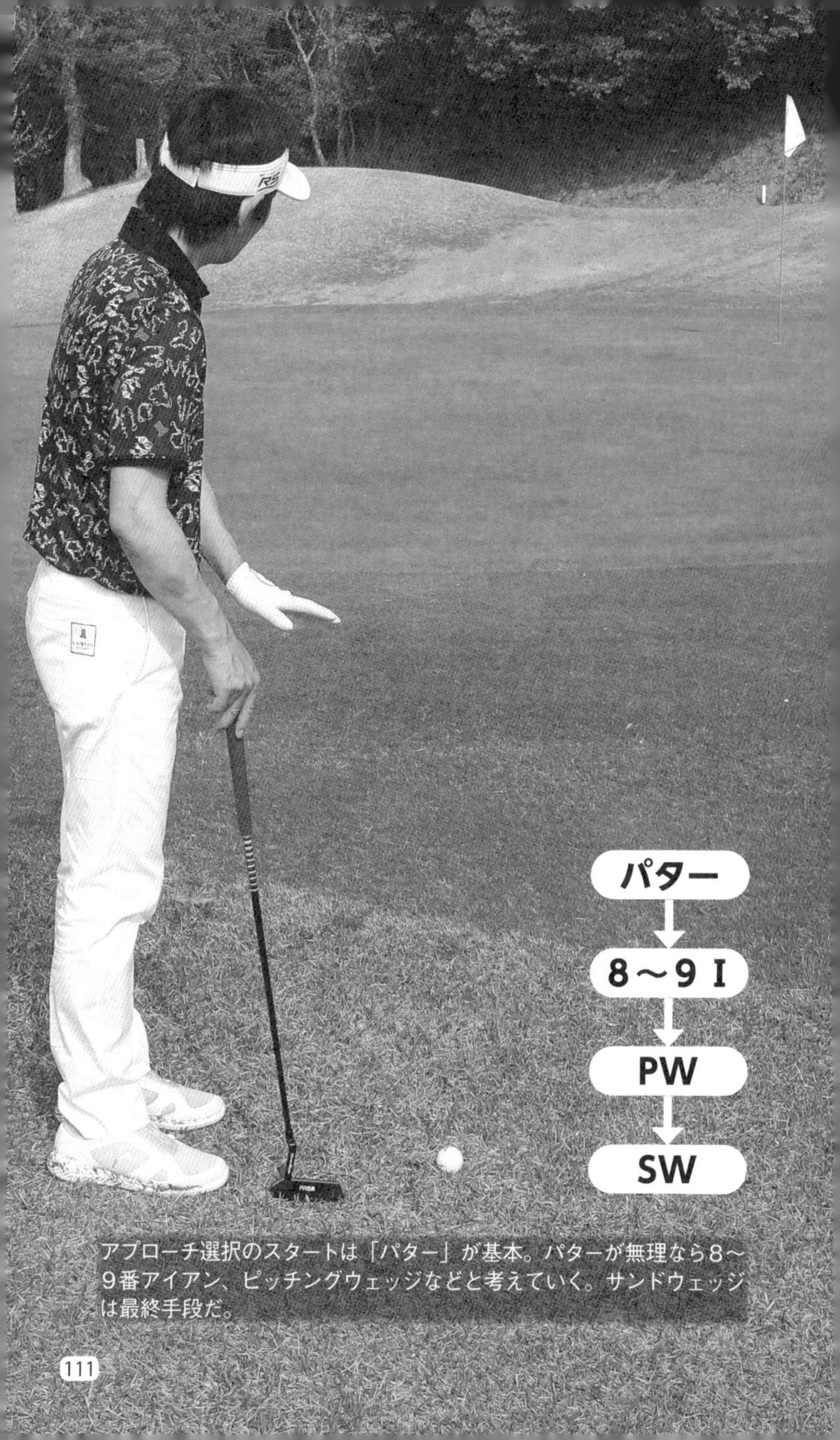

アプローチ選択のスタートは「パター」が基本。パターが無理なら8～9番アイアン、ピッチングウェッジなどと考えていく。サンドウェッジは最終手段だ。

最高の結果を追い求めるのは大叩きの入口。ＡＢＣの３つのマネジメントを考えよう

アプローチ
GOLF KEYWORD 24

上級者の中には、結果をつねに「ABCの3つのマネジメント」で考える人がいます。Aは「最高の結果」、Bは「ここでもいいという許容範囲」、Cは「絶対にダメ」です。

これをバンカー越えでピンの位置が手前側という状況のアプローチに当てはめると、Aは「ピンに寄った」、Bは「グリーンに乗ったか、グリーンの近くで止まった」、そしてCは「バンカーに入れてしまった」ということになります。

そんな場面で多くのアマチュアゴルファーは、「ボールをフェースに乗せてピンの真上から落とすような絶妙なアプローチが打てたらいいな」なんて考えようとします。

プロたちでもピンに寄せるのがとても難しい状況で、10回打って1回成功するかどうかのゴルファーがそれをやると、Cの結果を招きやすいのです。こうした**「あわよくば」が大叩きにつながりやすい**ことを頭に入れておきましょう。

プロたちはアマチュアと違って、「Cは絶対に避ける」を最優先します。「ヘッドがボールの下をくぐってダルマ落としみたいになったら最悪だな」と考えるから、Bを目指そうとします。ゴルフは「確率のゲーム」です。グリーン周りからのアプローチでも最高の結果ばかりを求めないで、確率の高い作戦を立ててプレーしましょう。

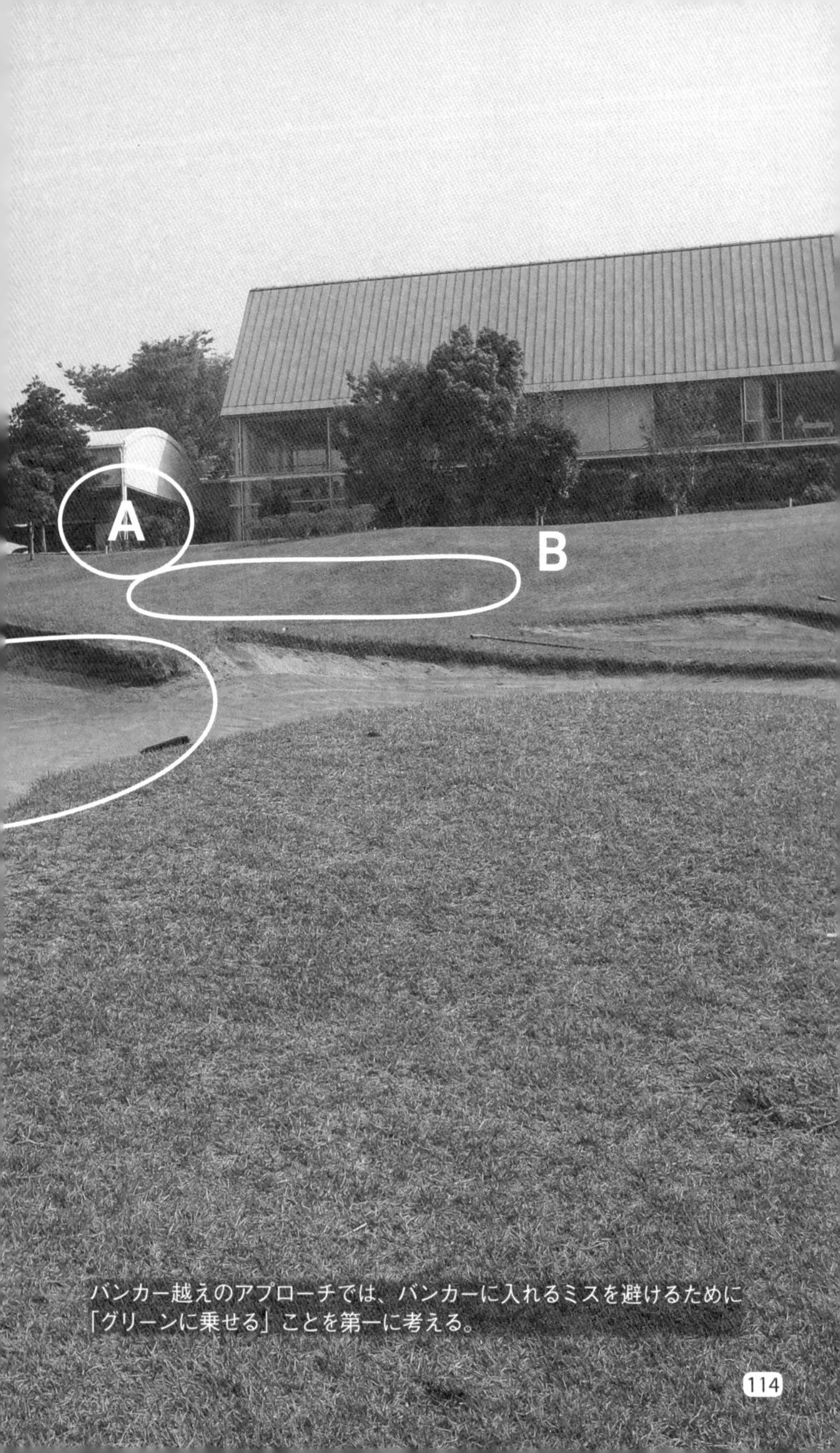

バンカー越えのアプローチでは、バンカーに入れるミスを避けるために
「グリーンに乗せる」ことを第一に考える。

「ピンに寄る」という最高の結果を期待しすぎるのはNG。「何をしてしまったら最悪なのか」を考えてプレーしよう。

バンカーショットは「しゃがんで、おヘソ」がコツ

アプローチ
GOLF KEYWORD 25

バンカーの基本といえば、「フェースを開いてオープンスタンスに構える」「ボールの2～3センチ手前の砂を打つ」「アウトサイドインの軌道でカットに打ち抜く」など多くの決まりごとがあり、これがアマチュアゴルファーを混乱させているように思えます。

私がジュニアゴルファーたちによく教えるのは、「バンカーはしゃがんでおヘソだよ」ということです。「しゃがむ」というのは重心を低くして構えるという意味で、「おヘソ」とはあまりハンドファーストに構えずに、グリップエンドをおヘソに向けて構えることです。

これはアドレスの話ですが、スイングに関してはボールの手前の砂を見て打ちます。下を向いて、しゃがんだような体勢のままでクラブを振りますが、インパクトまでアドレスの両ヒザの角度を変えないことが大切なポイントです。

小さな子供たちはいわれたことだけをしっかりやろうとします。下を向いたままスイングしますから、結果的に右重心のままでクラブヘッドの入射角が鈍角になります。体が早く開くこともなく、クラブが気持ちよく振れて、いとも簡単にバンカーから出せるのです。難しい技術的なことは頭から切り離して、子供のようなシンプルな思考になってみると案外うまくいきます。

おへそ

しゃがむ

バンカーは
しゃがんで
おへそ!!

グリップエンドをおへソに向けて構え、インパクトでもグリップエンドをおへソに向けて打てば、一発脱出が容易になる。

しゃくり上げると左半身が起きてしまい、うまく打てない。

しゃがんだ姿勢のまま、ボールの手前の砂を見てインパクト。両ヒザの角度をキープすることが大切

アゴの高いバンカーは「右足はベタ足」で打つ

アプローチ

GOLF KEYWORD 26

バンカーからボールを上げるには、クラブヘッドをシャローに、つまり鈍角な入射角から入れなくてはなりません。そのためには**右重心でインパクト**する必要があります。

右足をベタ足にして打つ利点は、ダウンスイングで体が左に流れたり突っ込んだりしないように、シャローに打ちやすいというところにあります。

アゴの高いバンカーからなかなか出ない人は、その逆をしているのが原因です。「ちゃんと打ち込まないといけない」と思い込んで、左重心に構えてハンドファーストに打つからフェースの刃が砂に刺さって、クラブが振り抜けないのです。

アゴの高いバンカーに限らず、左重心でハンドファーストに構えたり、ダウンスイングで体が突っ込んだりするのはタブーです。バンカーから出ないのはちゃんとした理由があって、出せるようになるのはその逆をやればいいのです。ミスを防ぐにはどうやって打てばいいかを考えるより、どうしたらうまく打てないかを考えたほうが早いといえます。

バンカーショットもアプローチと同じで、全部の状況で打てるようになることが大事なわけではありません。バンカーのアゴが高い状況がもっとも難しいわけですから、そうした肝となる打ち方が身につけば、大抵のバンカーは一発で脱出できるようになります。

左重心でハンドファーストに構え、
上から鋭角に打ち込むとボールが
上がりにくいので右重心が基本。

アゴが高い場合は右足をベタ足にして
ヘッドをシャローに入れることが条件だ。

PRGR

ピンが遠いバンカーは「AW」か「PW」を持とう

アプローチ

GOLF KEYWORD 27

バンカーショットは、すべて「エクスプロージョンショット」で打つのが基本原則です。つまり、ボールの手前からクラブヘッドを入れて、砂の爆発力を引き出すことでボールを飛ばすのです。

サンドウェッジのフェースを開いて打つエクスプロージョンショットは、プロたちでもキャリーはせいぜい20ヤードです。

ではピン**までが20ヤード以上ある場合はどうすればいいかというと、20〜30ヤードの間はアプローチウェッジ、30〜40ヤードの間ならピッチングウェッジを選択するという具合にクラブを替えて、同じスイングを実行するのがベストです。**

ピンまでが遠いバンカーショットでは、あえてボールをクリーンに打とうとしたり、砂を薄く取ったりしようなんてことはトッププロたちでもやりません。

20ヤードや30ヤードといった中途半端な距離で、ボールをクリーンに当てようとしてもうまくいかないもの。強く当たりすぎてホームランしたり、インパクトが緩んでザックリしやすいのです。40ヤード以上にもなると、もうフルスイングしないと届きませんから、サンドウェッジで普通にフルスイングしましょう。

距離があるバンカーショットのクラブ選択

ピンが 30 ヤード近くもあるバンカーショットでは、番手を上げてアプローチウェッジ、またはピッチングウェッジで打つのがベスト。

30〜40ヤード
→PW

フェースを少し開くだけで、スイングは通常と同じ。ピンの近くに寄らなくてもグリーンには確実に届く。

スイングはSW、AW、PW
もすべて同じ

第5章
パット編

GOLF KEYWORD 28~32

どんなときも「ストレートライン」のつもりで打つ

パット

GOLF KEYWORD 28

パットにはスライスラインやフックラインがあって、グリーンの傾斜によって左右のどちらかに曲がるのが普通です。

ドライバーやアイアンなどのショットではボールが空中を飛びますから、球が曲線を描くイメージがありますが、地面の上を転がるパットの場合は自分でボールを曲げることができません。

傾斜に委ねるしかないのに、カーブのイメージで打とうとすると、スライスラインでボールを左に引っかけたり、フックラインでは右に押し出したりしやすいのです。

グリーンの傾斜によってボールが右や左に曲がるのですから、**どんなラインでも真っすぐなラインのつもりでストロークすることが重要です。**

傾斜の大きなグリーンではボールの打ち出しからすぐに曲がり出しますが、カーブのイメージは持たないことです。

スライスラインなら傾斜の度合いによってカップの左を向いて構え、フックラインならカップの右を向いて構え、あとはボールを真っすぐ打ち出すことを心掛けましょう。ミスパットがかなり減ってくるはずです。

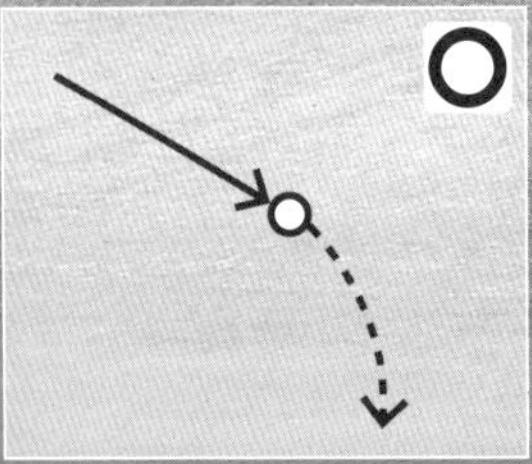

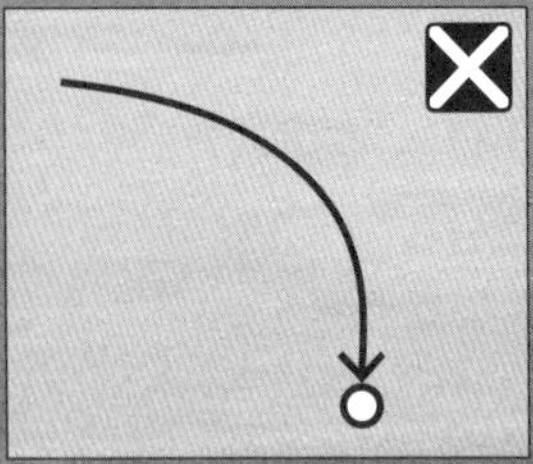

どんなラインでもストレートラインと同じように構え、ストレートに打ち出す。あとは傾斜に委ねるだけでいい。

パットは自分でボールを曲げることができない。
カーブのイメージを持たないことだ。

ストローク中に「左手甲を折らない」

パット
GOLF KEYWORD 29

パットのストロークを安定させるには技術ももちろん大事ですが、心構えも大きなポイントになります。そのひとつが、**「左手甲の角度を絶対に変えない」**ことです。

左手甲の角度を変えないというのは、左手首をルーズに使わずに、**ストローク中に左手首が甲側に折れないようにすること**です。

構えたときに左手首が甲側に軽く折れている人もいれば、左手首を真っすぐ伸ばしている人もいます。それは人それぞれでいいのですが、ほとんどの人がインパクトで左手首が甲側に折れてしまっています。これはパットにおいて、一番してはいけないミスなのです。些細なミスと思うかもしれませんが、インパクトで左手首が折れるということは左手がグラグラしてフェースの向きが変わってしまうことを意味します。当然、フェースの芯からはずれやすく、ラインに乗らなければ入る確率が低下します。

自分では正しい動きができていると自信の持てる人でも、実際は左手首が折れているケースがありますから、技術うんぬんよりも、「構えたときの左手首の角度をストローク中も絶対に変えない！」くらいの心構えが大切です。ちょっとパットの調子がよくないと感じたときは、自分に強く言い聞かせてストロークしてみましょう。

正しいストロークができていると思い込んでも、実際は左首が折れてしまっている人が多い。

左手首の角度が重要

左手首の角度を絶対に変えない「心構え」がカップインの確率を高める。こうした心構えはアプローチでも必要だ。

インパクト後も「ボールを置いた場所」を見続ける

パット

GOLF KEYWORD 30

一緒にプレーしている人のパットを見ていると、上手な人は構えた時の目線をしっかりキープできています。「これは入ったな、ナイスバーディだ！」と思わせるような雰囲気があります。反面、ストローク中に目線が泳いでしまう人のパットは、「これは外れたな」と咄嗟に感じてしまうものです。それが絶対とはいえませんが、**ボールを置いていた場所をインパクト後も見続けることはとても大事です。**

目線をしっかりキープするには、自分が狙ったスパットの方向に打ち出すためにラインに対して平行に構えたら、ボールを見たままの顔の向きをストローク中も変えないようにすることです。

多くの人はテークバックの始動からパターヘッドを見て、インパクトと同時に目がボールを追ってしまっています。これが癖になるとインパクト前から顔や左肩などの上体が開きやすく、フェースの芯を外す回数が増えてカップインの確率が低下します。

特に1～2メートル以内のショートパットは構えたときにカップが視界に入りますし、「入れたい」気持ちが強いために、目線が早くカップを向くルックアップのミスが生じやすくなります。目線が動かないように、ボールを打ち終えるまで顔を下に向けましょう。

ストローク中に目線が流れないように、打ち終わった後もボールがあった場所を見続けよう。

ほとんどの人はボールの転がり出しから目で追ってしまっている。結果、
フェースの芯を外しやすい。

パットは「上りのライン」を残せ

パット
GOLF KEYWORD 31

上りのパットと下りのパットのどちらがやさしいかといえば、断然上りのパットです。

「下りの3メートルより、上りの9メートルのほうが入る確率が高い」というとちょっと極端かもしれませんが、そのくらい難易度に差があるのです。

上りのパットは強めのタッチで打てるので、曲がりを少なく読めるのが長所です。それに対して下りのパットは傾斜によってはラインを膨らませなくてはならず、タッチをあわせるのも苦労させられます。そのためにもファーストパットが入らなくても、セカンドパットがラクに打てるように上りのラインをできるだけ残すことを考えましょう。

日本のゴルフ場はほとんどが受けグリーンになっていて、グリーンの奥から手前にかけて下っています。グリーン周りからのアプローチでピンに届かせようとしてオーバーすると、返しが難しい下りのパットになってしまいます。ピンの手前側に止めることができれば次のパットが上りとなり、スコアのロスを防げるのです。

ピンの手前側のスペースをうまく使えば、上りのパットが残しやすくなります。状況をよく観察して、カップをオーバーさせては返しのパットが下りとなると判断した時は、カップの少し手前側で止めるくらいのタッチで打ちましょう。

パットは下りの３メートルよりも上りの９メートルのほうがやさしい。

アプローチにも当てはまることだが、つねに上りのラインを残すことを心掛けるとスコアメイクしやすい。

上りも下りも「同じ握り加減」で打とう

パット

GOLF KEYWORD 32

パットではできれば両手を柔らかめに握ることも大事なポイントです。でもそれ以上に重要なのは**ストローク中にグリッププレッシャーを絶対に変えないことです。**

プロの中には両手を強めに握る人もいますから、どの強さが正しいかは一概にはいえませんが、プロたちは構えたときのグリッププレッシャーが最後まで変わらないのに対して、多くのアマチュアはインパクトでグリッププレッシャーが変わってしまっています。

強く握っておいてインパクトで緩めたり、緩く握っておいて打つ時にパンチが入ったりすると手首をこねくり回してしまうことになり、フェースの向きが変わってフェースの芯をはずしやすいのです。

たとえば上りのパットは力を入れてカツンと打ったり、下りのパットは力を緩めてソローリと当てたりしていないか、自分のパットを見直してみてください。「そういわれてみると、自分も当てはまるかな」と何か気づくはずです。

距離感はストロークの大きさでコントロールするのが基本であり、20メートルの上りのパットも、超高速グリーンの2メートルの下りのパットも、握りの強さは同じです。いつも同じグリッププレッシャーを心掛けるだけでカップインの確率が驚くほどアップします。

上りのパット

上りのパットも下りのパットもグリップの握りの強さは同じ。ストローク中に握りの強さを絶対に変えないことだ。

下りのパット

上りのパットを打つときにインパクトでパンチが入ったり、下りのパットをそーっと打とうとしてインパクトが緩んだりしていないか見直そう。

ストロークの大きさで距離感をコントロールするだけ。グリッププレッシャーはどんなパットでも均等に保つことが大切。

第6章
コースマネジメント編

GOLF KEYWORD 33~40

「計画」にはゴルフの本当の楽しみがある

コースマネジメント
GOLF KEYWORD 33

ゴルフは「計画のゲーム」です。計画して「実行」し、それを「検証」するという順番があります。計画なくしては正しい実行もありませんし、検証もできません。

ラウンドの前日に出かけるコースの1番ホールから18番ホールまでの攻略を練っておくとか、それができなくても当日のスタート前やティグラウンドに立ったときにホールのシチュエーションを確認し、ショットをどうつなげてスコアをつくっていくかの計画を立てる習慣をつけましょう。

その計画の組み立てが成功したときが、ゴルフの一番の楽しみだと私は思います。ミスショットが出たら、計画が間違っていたのか、計画は間違っていなかったけど技術が伴っていなかったかの検証をすることです。こうした積み重ねが上達に直結します。

ゴルフは「ミスのゲーム」でもありますから、計画がうまくいかないことも多々あって当然です。ティショットがフェアウエイをキープしたけど、ボールはディボット跡に入ってしまったなどの不運も付き物ですし、予期もしなかったミスが生じるケースも日常茶飯事です。でも、そこで感情的になって、折角の計画を放棄してはいけません。

計画を遂行する心掛けで、感情をうまくコントロールできるようにもなります。

ティグラウンドに立ってから考えるだけでは上手くならない

ショットをどうつなげて、スコアをどうつくるかの「計画」の組み立てがうまくいった時が、ゴルフの本当の楽しさだ。

ミスから一時的に感情的になって、計画を崩してしまうようなことは避けよう。

「自分のミス」を
ノートに書きためよう

コースマネジメント
GOLF KEYWORD 34

これまでのラウンド経験を振り返ってみると、いつも同じような状況で、同じようなミスをおかしているのに気づくことがよくあります。

何となく思い出せそうなのに記憶が曖昧だという人は、プレー中にカーッとなっているときにスコアカードなどにメモするのではなくて、ラウンド後、家に帰ってから気持ちを落ち着けて冷静になった時に、「今日はどんなミスが出てしまったかな」と気づいた内容をできるだけ細かく記録しておきましょう。

なぜミスが出たかの理由とか、対策などはいっさい書かなくて結構です。**どんな状況だったか、クラブは何を使ったか、どんなミスが出たか…などをできるだけ詳細にノートに書き残す習慣をつけて、半年や1年くらい経過してノートを見直してみると、同じような場面で同じような失敗をしていることがよくわかります。**

たとえば右がOBのホールでティショットを引っかけて左の林に打ち込んだとか、左足下がりの傾斜からのアプローチでボールを止めようとしたらシャンクが出たなど、自分の苦手なロケーションが何かあるはずです。それに対する自分の癖をはっきりと知り、修正する練習を積むことがスコアアップにつながります。

どんな状況でどんなミスをしているかを記録しておけば、自分の苦手がわかり、練習テーマも見出せる。

自分のプレーを振り返ってみると、
いつも同じような状況でよくミスし
ていることに気づく。

スタートホールでつまずいたら、「自分のペース」に戻せ

コースマネジメント
GOLF KEYWORD 35

出だしの1番ホールでダボ、2番でトリプルボギー、3番でもダボという具合にスタートからつまずいてしまうこともあるでしょう。

あるトップアマのエピソードですが、珍しくスタートからダボやボギーを連発してしまいました。4ホールを終えて何と6オーバーです。普通なら切れてしまいそうなところですが、そこからパー、ボギー、パーときて、「よしよし、ボギーペースに戻せたぞ」といったのです。前半は42でしたが、後半は持ち直してトータル79というスコアでした。

トップアマのスコアとしては決してよくないとはいえ、最初の4ホールで叩きまくってから、態勢をうまく立て直して自分のペースに戻したのはさすがでした。

6オーバーからパープレーに戻そうなんて考えずに、スコアを計算しやすいところまでひいて、作戦を立て直したことでミスの連鎖をうまく食い止めたのです。

トーナメントプロたちもスタートでつまずいたら、パープレーに戻すことを第一に考えます。ですから一般のアマチュアゴルファーの方々も、スタートからダボを連発させてしまった時は「ボギーペース」に戻すことを考えてはどうでしょうか。

一歩ひいて、作戦を立て直すことで自分のペースを取り戻しやすくなります。

スタートからミスが続いたら、一歩ひいて姿勢と立て直そう。ミスをすぐに取り返そうとしてはミスの連鎖に陥ることになる。

トップアマたちでさえ調子が悪くてゴルフがボロボロになった時は、まず「ボギーペースに戻す」ことを第一に考える。

ダブルボギー → トリプルボギー → ダブルボギー

「3ホールずつ」区切って気持ちをリセットする

コースマネジメント
GOLF KEYWORD 36

18ホールのプレーはいってみれば長丁場ですから、よい時もあれば悪い時もあります。**18ホール全体の前半のプレーの流れやリズムをうまくつくるためにも、3ホールずつ区切ってプレーするといいでしょう。**そして、3ホールごとの目標スコアを立てるのです。トーナメントプロは3ホールでパー、シングルゴルファーは1オーバー、一般のアベレージゴルファーなら3オーバーを目標にしましょう。

3ホールで4オーバーでも構いません。それが実行できたら、トータルで96というスコアです。そう考えるだけで、どれだけ気がラクになるかわかりません。

最初の3ホールでダボ、ダボ、ダボと続いたら、次の3ホールを迎える前に気持ちを入れ替えて、スタートホールのつもりでプレーを再開するのです。そこでボギー、ダボ、ボギーとくれば、「まあまあかな」という心理になれて、思考もポジティブになってきます。

自分のゴルフが朝から快調ということはあまりないでしょうし、どこかでつまずいて大叩きしても、3ホールずつのプレーと考えれば気持ちのリセットもしやすくなります。

そうした意味でも18ホールを3ホールずつに区切る考え方は、調子が悪いときや途中でプレーの流れが崩れそうな時に、自分のゴルフを立て直すキッカケづくりにもなります。

NETSCORE
HANDICAP

集中力を維持し、気持ちをリセットしてプレーするには、18ホールを3ホールずつに区切ると効果的。

スコアカードに3ホールごとにマジックで線を書き加えておこう。なお、マジックは必需品なのでキャディバックに入れておこう。

難しいホールは「無理しない」、やさしいホールは状況次第で「パーやバーディ狙い」

コースマネジメント
GOLF KEYWORD 37

通常のゴルフコースでは各ホールの難易度を示すハンディキャップが設けられています。難しいホールから1、2〜、やさしいホールからは18、17〜という具合にスコアカードに表記されているので、これを見れば各ホールの難易度の情報をすぐにキャッチできます。

一般的に距離の長さが難しさにつながるケースが多いのですが、距離はあまり長くなくてもハンディキャップが2とか3というケースもよくあります。この場合はフェアウエイが狭かったり、グリーン周りにアゴの深いバンカーなどのトラップが多く設けられたり、グリーンの傾斜がきつかったりしますから油断なりません。

ハンディキャップが1〜6の難しいホールは無理をしないで、最初からボギーやダボでもOKと考えれば、安全確実に攻めることができます。

ダボで上がりやすくなりますし、うまくいけばナイスボギーも十分にあり得ます。7〜12はボギー狙いの作戦を立てて、13〜18の比較的やさしいホールなら状況を見ながら積極的に攻めるなどして、攻めと守りのメリハリをつけながらプレーしましょう。コースマネジメント能力が向上し、スコアアップは確実です。

ムーンレイクゴルフクラブ
市原コース　9番ホール
ハンディキャップ5

ハンディキャップが1、2、3〜の難しいホールは無理しないで安全確実に攻める作戦を立てれば、スコアがまとまりやすい。

難しいホールとやさしいホールのサジ加減を考えよう。すべてのホールを同じようにプレーするより、スコアがよくなる。

「あわよくば」の意識を捨てよう

コースマネジメント
GOLF KEYWORD 38

スイングがよくなって、いい球も打てるようになった。練習場で上達を実感できたら、コースも攻略できそうな気がするかもしれませんが、思い通りにならないのがゴルフです。

スコアがなかなかまとまらないという人は、今までのラウンド経験を振り返ってみてください。様々な状況を迎えて、「うまくいけば…」とか「あわよくば…」という思考に走ってばかりいませんか？

最高のショットを打とうとしてOBに打ち込んでしまった。芝が薄い場所から3番ウッドでグリーンを狙いにいって大ダフリしてしまった。ピンの位置が難しいのに強引に狙いにいってバンカーに入れてしまった。思い当たる場面はたくさんあるはずです。

「あわよくば」のショットは一度くらいは成功するかもしれませんが、10回打って1回しか成功もしそうもない確率が低いので、絶対にやらないことです。

計画も立てずに、確率を無視したイケイケゴルフばかりしていると、調子がいい時も悪い時もスコアがあまり変わりません。毎回100前後を打ってしまうゴルフを繰り返すことになります「自分はどうしてあんなことをしてしまったのだろう」といった後悔の連続はもう断ち切りましょう。

あわよくば＝大叩きの原因

上手なゴルファーほど最高の結果を求めていない。自分の技量に応じたプレーを心掛けよう。

「冒険」は大叩きに直結しやすい。
計画を立てて、確率の高いゴルフを実行しよう。

スタート前は「安心感」をつくることが一番大切

コースマネジメント
GOLF KEYWORD 39

楽しいラウンドにするためには、スタート前に準備をしっかりやっておくことが大切です。遅くともスタートの1時間半前にはコース入りして、朝食を済ませる、ストレッチで体を入念にほぐす、練習場でボールを打つ、練習グリーンでパットの練習をするといった流れで、準備万端整えておきましょう。

練習場では1コイン、球数としては25球くらい打っておきましょう。「今日も一日いいゴルフだったなぁ」で終わりたいためです。基本的にはウォーミングアップが主ですから、スイングをあれこれいじらないで、チェックポイントもひとつに絞りましょう。「バックスイングをゆっくり」とか「手首を使いすぎに注意しよう」など、ミスした時の悪癖が生じないように自分にいい聞かせるのです。

練習グリーンでも少なくとも15分はパットの練習をして、その日のグリーンの速さや感覚を確かめて、自分なりの距離感をつくっておくことです。

そこそこの時間をかけて、「やるだけのことはやったぞ！」と思えるくらいまで準備すれば、安心感も生まれます。スタート時間ギリギリに到着し、何も準備できないままでは、その日のゴルフを台無しにしてしまいます。

自分のチェックポイントはひとつに絞ろう。準備練習をしっかりやっておけば、「やるだけのことはやった！」という心境になれる。

コースには早めに到着し、準備万端整えよう。練習グリーンでのパット練習も必須だ。

プロたちの「ルーティーン」を真似てみよう

コースマネジメント
GOLF KEYWORD 40

プロたちはスタート前までのルーティーンが決まっています。朝起きる時間、家を出る時間はもちろん、遅くともスタートの2時間前にコース入りして着替えと食事を済ませます。練習を始める時間や、練習でやることなども含めて全部決まっているのです。ショットする時もボールをティアップしてからアドレスをつくり、ボールを打ち終えるまでの所作や時間なども一定しています。

それ以外にもハーフターンの食事ではお腹いっぱい食べないようにするとか、午前のプレーで汗をかいたらエアコンで体を冷やさないように着替えるなど、ちょっとしたことですが、プロたちが実践していることを真似るだけでも、案外スコアがよくなるものです。

ビジネスマンも朝何時に起きて、何時に朝食を食べて、何時の電車に乗って、何時に会社到着という毎日のルーティーンが決まっているはずです。ビジネスマンとしてのルーティーンは完璧でも、たまにゴルフ場に出かけるとバタバタしてしまうのは、非日常的なためにルーティーンが崩れるからです。

でも**プロたちのルーティーンの流れを理解し、所作を真似てみるのはそれほど難しいことではないですし、真似るだけでプレーに落ち着きが出て、スコアもよくなります。**

ルーティーンをつくろう

朝起きたときから、その日のゴルフは始まっている。スタート前のストレッチなどプロたちのルーティーンを真似してみるだけで、プレーに落ち着きが出てグッドショットの確率が上がる。

昼食にお腹いっぱい食べると午後のプレーでスコアを崩しやすい。プロたちのように腹八分目を心掛けよう。

ショット

ドライバー連続正面

Driver Shot

内藤雄士のドライバー

Yuji Naito's

のショット

ウッド連続前方

5Wood Shot

内藤雄士の5番ウッド

Yuji Naito's

のショット

アイアン連続後方

7 Iron Shot

内藤雄士の7番アイアン

Yuji Naito's

おわりに

私事で恐縮ですが、アマチュアの方々のラウンドレッスンをするときは、スタート前に練習する時間は私にはほとんどありません。

大抵は一緒にプレーするので本当はじっくりと練習したいのですが、10球打てればいいほうで、ボールをまったく打てないこともザラです。

そんなときはスタート直前の素振りで、自分がミスしたときの癖を思い出して、スイングをチェックします。私はドローヒッターですから、ダウンスイングで左肩が浮いてクラブが寝て下りてくるとチーピンやプッシュになりやすいのです。

そのため、「左肩を浮かせないようにする」ということが自分のチェックポイントになっています。ダウンスインで左肩が浮くのは、肩の軸回転がスムーズにできていないわけで、バックスイングの左肩の回転不足が原因です。

バックスイングで右肩が上がらないようにして、左肩をアゴの下にしっかりと入れるような肩の回転を素振りで確認するのが私のルーティーンになっています。

色々なことを考えると不安を増長させてしまうだけですから、「自分はこのミスだけは絶対にしない！」といい聞かせます。そうすれば、「これだけ注意すれば大丈夫！」と思えてくるのです。

ゴルファー個々には癖があり、自分の癖や傾向を知っておくことが大切です。

ゴルフはミスのゲームですから、ミスが出ても当たり前のこと。大叩きに直結するようなミスを回避しつつ、ミスの度合いを軽減していけばいいのです。

致命的なミスを未然に防止するための、「これだけ頭に入れておけば安心だ！」と思えるような、お助けマン的なキーワードをいくつかつくっておくと、心理的にリラックスでき、プレーにも余裕が生まれます。

あなたにとってのキーワードが、ベストスコアへの道を切り拓いてくれるでしょう。

最後に本書の出版にあたり、出版を決めてくださったＫＫベストセラーズの武江浩企さん、構成者の三代崇さん、菊池企画の菊池真さんには多大なるご協力を頂きました。この場を借りて厚く御礼を申し上げます。有り難うございました。

内藤雄士

■著者略歴

内藤雄士（ないとう・ゆうじ）

ゴルフコーチ・ゴルフアナリスト。１９６９年生まれ。日本大学ゴルフ部在籍中にアメリカにゴルフ留学し、最新ゴルフ理論を学ぶ。帰国後、ゴルフ練習場ハイランドセンター（杉並区・高井戸）にラーニングゴルフクラブ（ＬＧＣ）を設立し、レッスン活動を始める。１９９８年、ツアープロコーチとしての活動を開始。２００１年には、マスターズ、全米オープン、全米プロのメジャー大会の舞台を日本人初のツアープロコーチという立場で経験する。丸山茂樹プロのツアー３勝をはじめ、契約プロゴルファーの多数のツアー優勝をサポートしてきた。現在は様々なゴルフ媒体への出演や、一般財団法人丸山茂樹ジュニアファンデーションで理事を務めるなどジュニアゴルファーの育成にも力を入れている。また、ＰＧＡツアーを中心に、ゴルフアナリストとしても活動している。著書に『ゴルフ　現代スイングの結論』（河出書房新社）他多数。

１分《ぷん》で上手《うま》くなるゴルフのキーワード

二〇一八年六月三十日　初版第一刷発行

著者　内藤《ないとう》雄士《ゆうじ》
発行者　塚原浩和
発行所　ＫＫベストセラーズ
東京都豊島区南大塚二丁目二九番七号　〒170-8457
電話 03-5976-9121
http://www.kk-bestsellers.com/
印刷所　錦明印刷株式会社
製本所　株式会社フォーネット社
ＤＴＰ　株式会社菊池企画

■スタッフ
構成／三代 崇
撮影／富士渓和春
協力／ＰＧＭ、ムーンレイクゴルフクラブ市原コース
装丁・本文デザイン／石垣和美（菊池企画）
企画プロデュース・編集／菊池 真

ISBN 978-4-584-13881-6 C0075